FACULTÉ DE DROIT DE RENNES

ASSEMBLÉE DE LA FACULTÉ

Séance du 23 Juillet 1895

RÉFORME
du Concours d'Agrégation

Rapport de M. AUBRY

RENNES

TYPOGRAPHIE OBERTHUR

—

1895

FACULTÉ DE DROIT DE RENNES

RÉFORME DU CONCOURS D'AGRÉGATION

Rapport de M. AUBRY

MESSIEURS,

La Faculté de droit de Rennes, invitée par M. le Ministre à donner son avis sur les réformes qu'il conviendrait
d'apporter à l'organisation actuelle du concours d'agrégation, a consacré plusieurs séances à l'examen de cette
question. Elle m'a fait ensuite l'honneur de me charger
d'un rapport dans lequel je me propose de résumer le
résultat de ses délibérations, en faisant connaître les prin-
cipales opinions qui ont été émises par ses membres et en
formulant les conclusions qui ont été adoptées par la majorité d'entre eux.

La question qui vient de nous être soumise n'est pas
nouvelle pour nous, puisque nous étions déjà consultés, il
y a cinq ans, sur le même sujet, et que notre ancien
concours d'agrégation, composé d'épreuves purement juridiques, a été modifié par un arrêté ministériel en date du

6 janvier 1891. Il s'agit aujourd'hui de savoir ce qu'il faut penser de cette première réforme, s'il y a lieu de s'y tenir ou au contraire de la pousser encore plus loin, et, dans ce dernier cas, d'indiquer dans quel sens et jusqu'à quel point il conviendrait de la poursuivre. En m'exprimant ainsi, je suppose qu'il ne peut pas être question d'un retour en arrière. L'idée de rétablir le régime antérieur ne saurait venir à l'esprit d'aucun de nous. Une véritable révolution, qui a heureusement fondé beaucoup plus de choses qu'elle n'en a détruit, s'est accomplie, au cours de ces vingt dernières années, dans notre enseignement. Le programme de nos cours et de nos examens s'est singulière-ment élargi et enrichi. Autrefois, le droit positif faisait l'objet presque exclusif de nos études, et, sous le prétexte que le droit civil en est la partie vitale, on négligeait quelques-unes de ses branches les plus intéressantes. Le droit public était presque entièrement sacrifié au droit privé, et celui-ci n'était trop souvent envisagé qu'au point de vue de l'exégèse. Sans doute, les maîtres éminents qui ont jeté tant d'éclat sur notre passé ne s'attachaient pas uniquement à l'explication des textes; ils savaient illustrer leurs commentaires d'aperçus historiques, de vues ingé-nieuses et profondes, de tous les reflets de la vie et de la pensée contemporaines. Mais on les accusait volontiers de perdre ainsi leur temps, et il est certain qu'aux yeux de beaucoup de personnes nos Facultés n'avaient d'autre mission que d'assurer une bonne préparation à la pratique judiciaire. Une conception différente et assu-rément plus haute s'est fait jour peu à peu et a fini par prévaloir. On s'est dit que dans une démocratie comme

la nôtre, livrée à tous les courants de l'opinion, il était
nécessaire de constituer une forte élite intellectuelle et
qu'il n'était véritablement pas excessif d'imposer encore,
après le collège, quelques années d'études désintéressées
à ceux qui se destinent à l'exercice des fonctions publiques
et des autres professions libérales. Ainsi des sciences
nouvelles ont été progressivement introduites dans les
cadres de notre enseignement, et, pour leur faire toute la
place qui leur convenait, il a fallu, non seulement multi-
plier les cours, mais mettre aussi plus de variété dans nos
matières d'examen et aboutir en dernier lieu à la division
du doctorat en deux branches, celle des sciences juridiques,
celle des sciences politiques et économiques. On se ferait
d'ailleurs une idée fort incomplète de la transformation
opérée si l'on s'imaginait qu'elle n'a porté que sur la
somme matérielle des connaissances. Elle a eu surtout
pour effet de nous familiariser avec de nouvelles méthodes
et de changer en grande partie l'orientation de nos
recherches. Ses auteurs ne se sont pas contentés d'appeler
l'attention et l'art du jurisconsulte sur quelques points
encore peu explorés du domaine de la législation positive.
Avec l'économie politique et l'histoire du droit, avec le
droit international et le droit constitutionnel, avec le droit
industriel et le droit colonial, c'est tout un ordre d'idées
différent qui s'est offert à nous. La méthode exégétique n'a
rien à voir avec quelques-unes de ces matières; elle est
notoirement insuffisante pour les autres. En réalité, tandis
que l'étude du droit proprement dite, la science des textes
vivants et applicables, recevait ainsi quelques accrois-
sements, une discipline nouvelle apparaissait à côté d'elle.

2

Nous entrions peu à peu en possession des éléments d'une autre science, plus vaste encore et plus élevée, qui n'en est qu'au début de sa formation et dont la synthèse peut à peine être ébauchée, la science sociale. Et c'est surtout aux Facultés de droit qu'il appartient désormais de donner à celle-ci l'essor qu'elle attend, sans abandonner pour cela le terrain solide du droit positif et sans oublier qu'elles restent chargées de dispenser une véritable instruction professionnelle. Le vieil arbre qui nous abrite sous son ombre depuis des siècles reste toujours debout sur sa base ; mais non contents de pouvoir nous appuyer sur lui, nous voulons aussi connaître le mystère de ses racines dans le sol qui l'a produit et les subtiles influences de l'atmosphère où ses branches continuent de s'épanouir.

Une si profonde transformation dans la nature de notre enseignement devait entraîner nécessairement des modifications dans notre mode de recrutement. A de futurs jurisconsultes on ne devait demander que la preuve de connaissances et d'aptitudes purement juridiques, mais on devait la demander aussi complète que possible. Cette culture juridique, exclusive et intensive, devenait au contraire un non-sens pour la formation d'un historien, d'un économiste, d'un professeur destiné à un enseignement quelconque où la science sociale a plus de part que le droit positif. Sans doute, une fois les épreuves du concours d'agrégation franchies, on pouvait se promettre de s'adonner désormais tout entier à telle ou telle science particulière, et je pourrais citer sans peine quelques brillants exemples de ces spécialisations tardives. Mais il y avait déjà là une fausse direction première du travail, une véritable déperdition de forces. Ajoutons que les hasards de notre carrière aggravaient souvent celle-ci au delà de toute mesure, que pour faire face aux besoins du service dans sa Faculté, ou pour profiter d'une chance de titularisation, le même agrégé pouvait être successivement chargé des enseignements les plus divers, passant du droit criminel à l'économie politique ou de l'histoire du droit à la procédure, et que beaucoup d'entre nous ont dû attendre ainsi de longues années avant d'être fixés sur l'objet définitif de leurs études. Certes, il peut être intéressant de parcourir ainsi toute la gamme des connaissances juridiques ou sociologiques, et cette sorte d'éducation générale, prolongée parfois jusqu'aux approches de la quarantaine, ne doit pas être sans profit pour celui qui la poursuit. On avouera cependant qu'il est bien anormal que des maitres passent ainsi leur temps à apprendre ce qu'ils doivent enseigner, que cette dispersion du travail rend toute production scientifique à peu près impossible, et l'on reconnaîtra sans peine qu'une telle organisation était franchement détestable.

Il s'agissait donc de remédier à cette situation. Mais il faut croire que le remède était d'une découverte ou d'une application fort difficile, car les Facultés de droit consultées sur ce point en 1890 se montrèrent assez hésitantes et en tous cas très divisées. Deux systèmes principaux se dégagèrent de l'ensemble de leurs délibérations et de leurs résolutions. Les unes, c'était le plus petit nombre, préoccupées avant tout d'assurer un recrutement rationnel, proposèrent le sectionnement du concours d'agrégation en deux ou même en trois branches distinctes. La Faculté de

Lille, par exemple, demandait qu'il fut divisé en trois sections : une section juridique, une section des sciences politiques et administratives, une section d'histoire du droit. L'Ecole d'Alger indiquait seulement deux sections : l'une de droit privé, l'autre de droit public. Sans aller aussi loin que les précédentes, la Faculté de Grenoble conservait une admissibilité unique, afin de maintenir une certaine communauté d'origine entre les membres de nos Facultés, et n'organisait le sectionnement que pour les épreuves définitives. Mais les autres Facultés, craignant par-dessus tout de porter atteinte à la cohésion de notre enseignement et sans doute aussi à cet esprit d'étroite solidarité qui a toujours été l'une de nos forces, s'en tinrent à un système plus prudent encore, ou, si l'on veut, plus timoré. Pour sauvegarder l'unité de l'agrégation et faire en même temps leur part aux exigences nouvelles créées par l'extension de nos études, elles se contentèrent d'admettre que le concours comprendrait désormais deux catégories d'é-preuves, les unes, communes à tous les candidats, portant sur certaines matières jugées essentielles, les autres portant sur certaines matières spéciales entre lesquelles une option pourrait s'exercer. On sait que c'est ce dernier système qui a prévalu. L'arrêté du 6 janvier 1891 a eu pour but d'en réaliser l'application, et quelque opinion que l'on ait sur le fond de la question, il faut remercier M. le Ministre de s'être ainsi prêté au vœu de la majorité et reconnaître qu'il a tiré le meilleur parti possible d'une conception des plus contestables. Dans l'organisation actuelle, les candidats ont le choix entre cinq matières spéciales : l'histoire du droit, l'économie politique, le droit

constitutionnel, le droit international public, le droit criminel, et ils doivent faire, sur celle qu'ils ont désignée au
début du concours, une composition écrite, pour l'admissibilité, une leçon préparée en vingt-quatre heures, pour
l'admission.

Tel est le régime sur la valeur duquel on nous demande
aujourd'hui notre avis. Il a eu pour but, ainsi que je viens
de le rappeler, de concilier l'unité de l'agrégation avec les
nécessités de la spécialisation. En l'instituant, on a pu
croire qu'il permettrait de tenir compte de la variété des
aptitudes et des connaissances acquises, sans sacrifier les
avantages résultant de l'indivisibilité du titre et d'une forte
culture juridique commune. Mais n'a-t-on pas été dupe
d'une illusion? Le moment semble venu de se poser cette
question. Trois concours ont déjà eu lieu sous l'empire de
l'arrêté de 1891. C'est une expérience suffisante pour faire
apparaître les mérites et les défauts du système. Que
faut-il donc penser de celui-ci?

Il a d'abord un défaut capital, que ses adversaires avaient
signalé d'avance et que la pratique a fait sentir très
vivement. C'est d'imposer aux jurys d'agrégation l'obli-
gation d'apprécier des épreuves entre lesquelles une commune mesure est impossible. Des juges compétents peuvent
comparer, sans de trop grands risques d'erreur, des travaux
faits, sinon sur un sujet commun, au moins sur une même
branche du droit, comme le droit romain ou le droit civil.
Mais, d'après quel critérium pourrait-on déterminer la
valeur relative de leçons ou de compositions portant, les
unes sur l'histoire du droit, les autres sur l'économie politique ou sur telle autre des matières soumises à l'option?

Ce sont des connaissances différentes, ce sont aussi de tout autres qualités d'esprit qu'il s'agit de constater. N'est-ce pas ériger en système, pour le classement des épreuves d'agrégation, le jeu illusoire des parallèles dont la vieille critique littéraire a tant abusé pour les œuvres de l'imagination ? On a fait observer à ce propos que l'Institut décernait chaque année quelques-uns de ses prix aux écrivains qui ont fait les meilleurs travaux sur des sujets de leur choix dont la diversité peut être extrême. Mais il ne s'agit là que de l'attribution d'une récompense, et quoique celle-ci vienne de très haut, on sait que le public, qui prononce toujours en dernier ressort, n'a souvent pour elle qu'une attention distraite. Il est autrement grave de porter un jugement définitif qui consacre ou repousse une vocation et qui intéresse en même temps l'avenir même de l'enseignement supérieur. Et ce qui complique encore le vice constitutionnel du système, c'est que l'unité d'esprit, la communauté du savoir, la ressemblance des aptitudes ne peuvent pas et ne doivent pas plus exister du côté des juges que du côté des candidats. On a eu soin, par un louable scrupule, de faire figurer dans les derniers jurys des professeurs appartenant à toutes les spécialités. Mais n'était-ce pas accroître la difficulté ? Pour trouver un terrain d'entente, les membres d'un jury ainsi composé ne doivent avoir le plus souvent d'autre ressource que de s'attacher aux qualités de forme, c'est-à-dire de composition, de style ou d'élocution des concurrents, en laissant au second plan l'examen de leur véritable valeur scientifique.

Ce n'est pas tout. Alors même que la nécessité d'aboutir

à un classement unique n'altérerait pas la force probante des épreuves spéciales, celles-ci se trouveraient encore insuffisantes. Tel qu'il est actuellement organisé, le concours d'agrégation ne tient pas assez compte du changement de point de vue qui s'est fait dans l'enseignement des Facultés de droit. Il conserve un caractère essentiellement juridique et il continue d'exiger, chez tous ceux qui veulent l'affronter, une étude approfondie du droit romain et du droit civil. La connaissance d'une spécialité n'y apparaît ensuite que comme un objet de luxe, une parure de l'esprit, une sorte de superflu nécessaire, mais sur la nécessité duquel on ne semble pas bien fixé, puisqu'on ne lui accorde qu'une place restreinte, deux épreuves seulement sur sept. Le plat de résistance est toujours le même ; on a seulement le choix du dessert. Sont-ce là, décidément, les garanties d'une sérieuse préparation à l'enseignement des sciences écono- miques et politiques? Assurément non. Ce système équi- voque n'est qu'un moyen terme inacceptable entre deux conceptions opposées. Il est difficile d'y voir autre chose qu'un simple compromis, destiné à ménager la transition entre les habitudes du passé et les besoins de notre époque, l'amorce d'une réforme plus hardie et plus radicale.

La Faculté a pensé qu'il n'y avait plus lieu d'hésiter devant cette réforme, et elle s'est prononcée, à une forte majorité, en faveur du sectionnement de l'agrégation. Il faut renoncer, quoiqu'il puisse nous en coûter, à main- tenir cette unité d'origine qui donnait une physionomie si nettement accusée à notre enseignement et qui entretenait un si vivace esprit de corps parmi nous. C'est la force des choses qui le veut ainsi, et il n'y a pas de progrès qui n'entraîne quelques regrettables sacrifices.

Mais le principe du sectionnement adopté, il reste à en organiser l'application, et ce nouvel aspect du problème peut donner lieu encore à de graves incertitudes. Il s'agit de savoir surtout en combien de branches l'agrégation devra être divisée. La question est des plus délicates. Les sciences qui forment aujourd'hui les objets divers de notre enseignement ont entre elles de si nombreux rapports, elles se pénètrent si intimement de toutes parts, qu'il n'est pas facile d'en faire un classement rationnel pour les répartir dans des groupes différents. Trois opinions ont été soutenues devant la Faculté, l'une réclamant quatre agrégations distinctes, l'autre n'en demandant que trois, la dernière enfin voulant se borner à deux.

Le premier système, développé devant nous par M. Turgeon, serait établi sur les bases suivantes. Il y aurait une section d'histoire du droit, une de droit privé, une de droit public, une d'économie politique.

Le second système, proposé par M. Artur, comprendrait aussi une section d'histoire du droit et une section de droit privé. Le droit public et l'économie politique seraient réunis dans une troisième section, sous le nom de sciences politiques et économiques.

Enfin, le troisième système, soutenu par M. le doyen Eon, empruntant sa terminologie et son principe même à la division actuelle du doctorat, consisterait à distinguer seulement une section des sciences juridiques et une section des sciences politiques et économiques.

C'est ce dernier système que la Faculté a cru devoir

adopter, dans des termes que j'indiquerai plus loin. Je vais essayer d'exposer ici les raisons de sa préférence.

La division de l'agrégation en quatre branches est assurément très séduisante, parce qu'elle semble offrir une large satisfaction à l'idée de la spécialisation. En fait, elle a trouvé de nombreux partisans parmi nous et n'a été repoussée qu'à une seule voix de majorité, par six voix contre cinq. Je dois donc insister d'abord sur les considérations qui peuvent justifier son échec.

L'idée de la spécialisation est juste, et j'ai dit précédemment que le régime actuel ne lui faisait pas suffisamment sa part. Mais il y a cependant une mesure à observer et un malentendu à éviter. Il ne peut pas être question d'exiger que les futurs professeurs aient, en sortant du concours, la pleine possession des matières qu'ils peuvent être chargés d'enseigner. Ce serait donc une erreur de chercher à établir une exacte corrélation entre le sectionnement de l'agrégation et la diversité des sciences que nous professons. S'il fallait se placer à ce point de vue, ce n'est pas seulement quatre agrégations qu'il y aurait lieu de distinguer, mais aussi bien cinq ou six ou davantage. Ainsi, dans le système qui a été repoussé, on veut deux sections différentes pour les sciences politiques et économiques, l'une pour le droit public, l'autre pour l'économie politique. Mais pourquoi n'en réclamerait-on pas encore une autre pour le droit international, une autre pour le droit criminel et la science pénitentiaire, etc.? On veut bien cependant s'arrêter au chiffre quatre. Mais n'est-ce pas s'arrêter déjà trop tard? Entre l'agrégation politique et l'agrégation économique, je ne vois pas, quoi qu'on en dise, de frontière naturelle, de limite reconnaissable. La dernière, par exemple, comprendrait la science financière. Que fera-t-on alors de la législation financière, qui sert plus ou moins de support à cette science et qui fait en même temps partie du droit public? Même question et même embarras pour l'économie et la législation coloniale, et, tout au moins en partie, pour l'économie et la législation industrielle ou agricole. A cette objection on a cru répondre en faisant observer que l'économie politique est aussi à la base du droit privé et que cela ne nous empêche pas de reconnaitre la nécessité d'un sectionnement pour ces deux derniers ordres d'études. L'argument peut paraître décisif. Il ne repose cependant que sur une analogie imparfaite. Ce qu'on ne voit pas, c'est que notre droit privé tout entier forme une législation très complète et très détaillée, dont les règles, consacrées par une longue expérience, sont plus ou moins permanentes, peut-être même en partie définitives, et que, par suite, on peut l'étudier tel qu'il est, comme une œuvre qui se suffit à peu près à elle-même, comme une solide et ingénieuse architecture d'idées. Le droit public n'a pas, en général, ce caractère; il n'a pas cette stabilité, ce degré de développement, cette perfection relative. A chaque pas, on y rencontre des règles de circonstance, adoptées la veille, qui pourront être changées le lendemain; ou bien, sur d'autres points, on constate des lacunes qui laissent le jurisconsulte, habitué à s'appuyer sur des textes, dans le plus grand embarras. Quant aux textes, ils sont, dans certaines matières, innombrables, mais aussi, en général, d'une interprétation plus aisée, plus courante, que ceux du droit civil, soit qu'ils expriment des théories moins savantes ou qu'ils prévoient des situations moins complexes. Que résulte-t-il de tout cela? C'est que l'étude du droit public serait presque toujours stérile et fastidieuse si l'on se contentait d'y recourir à la méthode exégétique, et que c'est surtout au point de vue de la critique et de la spéculation scientifiques qu'il convient de l'envisager.

Les partisans d'une agrégation exclusive de droit public ne contestent certainement pas la vérité de cette dernière observation. Mais comment ne voient-ils pas que cette agrégation va perdre du coup une bonne moitié de son originalité? Les matières de droit administratif qui devront y figurer, comme la législation des transports, ou celle des finances, ou celle des colonies, ne seront pour la plupart qu'un prétexte pour y faire de l'économie politique. Sans doute, on pourra lui attribuer quelques sciences qui resteront bien à elle, comme celles du droit constitutionnel, du droit international public, du droit criminel peut-être. Mais ces dernières n'ont précisément entre elles qu'une parenté fort éloignée. Et il est assez bizarre de se condamner à tant de doubles emplois dans les matières économiques et administratives, à seule fin de réunir d'autre part des sujets d'étude aussi différents qui réclameraient, à beaucoup plus juste titre, une spécialisation distincte.

La vérité, c'est qu'on s'est mépris sur le genre de spécialisation que notre mode de recrutement peut comporter. Il est tout à fait impossible, je le répète, de faire correspondre un concours spécial à chacun de nos enseignements. Si je ne me trompe, pour trouver la base d'un sectionnement rationnel, ce n'est pas tant à la différence des

matières qu'il faut s'attacher, qu'à la différence des
méthodes que celles-ci exigent et des qualités d'esprit
qu'elles supposent. J'ai dit, au début de ce rapport, que la
science sociale (ou si l'on préfère cette formule plus
modeste, le groupe des sciences sociales) avait désormais
pris place dans nos Facultés, à côté du droit positif. C'est
là le fait essentiel qu'il ne faut pas perdre de vue. Sans
aucun doute, ces deux ordres de connaissances ont de
nombreux points de contact et ne sauraient, à vrai dire, se
passer l'un de l'autre. Ils ont le même objet, infiniment
complexe, qui est l'organisation même de la société. On a
très bien montré, encore une fois, que le droit privé
était tout entier pénétré d'économie politique, et l'on
pourrait remarquer tout aussi justement qu'un économiste,
qui voudrait ignorer l'état de la législation, risquerait
fort de n'être qu'un abstracteur de quintessence. Mais,
si nos deux sciences maîtresses ont le même objet, elles le
considèrent à un point de vue différent. Le droit proprement
dit consiste dans l'étude des règles établies, et le jurisconsulte a pour mission de concilier et de combiner celles-ci,
de développer toutes leurs conséquences. La science
sociale envisage en eux-mêmes les faits qui sont la matière
du droit positif. Elle s'efforce d'en dégager ces rapports
nécessaires qui sont aussi des lois, mais des lois naturelles
auxquelles les lois humaines doivent se subordonner. Elle
ne traite l'œuvre du législateur elle-même que comme un
simple fait, lié à d'autres faits, un produit du milieu social
qui réagit à son tour sur celui-ci. A la différence des
sciences de la nature physique, d'ailleurs, elle ne peut pas
garder un parfait désintéressement pour les phénomènes

qu'elle observe. Elle vise nécessairement à des conclusions pratiques. Elle essaie de nous indiquer les institutions qui conviennent le mieux à un état social donné. Par là, la tâche du sociologue rejoint visiblement celle du jurisconsulte, mais sans se confondre avec elle. Celui-ci accepte les lois positives telles qu'elles sont et se borne à les commenter. Celui-là en fait la critique et cherche à les améliorer. Il est évident qu'à cette différence fondamentale de point de vue doit correspondre aussi une différence de méthode. L'étude du droit a pour instrument principal la méthode déductive. Elle exige, outre la connaissance approfondie des textes, une grande vigueur logique et un ferme bon sens. La science sociale, fondée sur l'observation des faits, se sert surtout de l'induction. Elle demande un esprit souple, étendu, pénétrant, préparé par une vaste culture générale à saisir les aspects ondoyants et divers de la réalité. Et si Pascal a eu raison d'opposer l'esprit géométrique à l'esprit de finesse, il sera vrai de dire aussi que le premier convient surtout à l'interprétation des lois positives, le second à l'appréciation des phénomènes sociaux pour lesquels ces lois sont faites.

Il faut bien comprendre d'ailleurs que ces deux disciplines intellectuelles différentes ne sauraient en aucun cas être complètement séparées. S'il en était ainsi, ce ne sont pas seulement nos examens et nos concours qui devraient être dédoublés; ce seraient nos Facultés elles-mêmes. L'idée serait des plus fausses et son application des plus fâcheuses. Les sciences proprement juridiques et les sciences sociales ne peuvent que tirer profit de leur voisinage. Il est bon qu'elles s'entr'aident et qu'elles

s'éclairent mutuellement et qu'elles concourent à former, dans un centre d'enseignement unique, un noyau de fortes études et de haute culture où le respect des traditions du passé s'alliera au sens de la vie moderne. Mais ce qui est vrai, c'est que l'exégèse devra prédominer toujours dans certains enseignements, tandis que les procédés sociologiques joueront le rôle principal dans certains autres, et notamment dans la plupart de ceux qui nous ont été récemment attribués. Et l'on n'excédera pas une juste mesure en cherchant dans cette constatation la base d'un sectionnement de l'agrégation, si l'on prend soin de ne pas donner à celui-ci un caractère trop rigoureux, trop tranché, trop exclusif. Il s'agira de créer deux types de concours, dont l'un exigera surtout une préparation juridique, l'autre, une préparation scientifique, et qui permettront ainsi une répartition plus rationnelle des différents cours entre nos futurs professeurs. Quand ceux-ci auront prouvé qu'ils possèdent, outre le talent de parole indispensable à l'enseignement, une instruction étendue et solide et le tour d'esprit nécessaire au maniement de certaines méthodes, on devra se tenir pour satisfait. Il ne faut en aucune façon souhaiter d'avoir affaire d'un côté à de purs juristes, de l'autre à de purs économistes ou sociologues. Une séparation aussi profonde ne pourrait que fausser la formation intellectuelle des uns et des autres, en restreignant le champ de leurs études et en ne leur laissant voir qu'un côté des choses. A plus forte raison faut-il se garder d'établir, de chaque côté, des subdivisions nouvelles qui pourraient compromettre plus gravement encore leurs facultés de généralisation et de synthèse, en leur masquant la vivante unité de l'organisme social. On a bien fait d'ajouter d'importantes annexes à notre vieille maison du droit, devenue quelque peu étroite et maussade, et de lui ouvrir ainsi de larges perspectives sur des horizons nouveaux. Mais il ne faudrait pas maintenant y élever de trop nombreuses cloisons intérieures qui limiteraient inutilement l'étendue du regard.

Au fond, c'est cette distinction des méthodes et des aptitudes qui semble avoir présidé à la récente réforme du doctorat. Elle n'apparaît pas sans doute dans l'exposé des motifs, ou elle n'y est indiquée que dans des termes assez différents. Mais, en fait, on s'en est plus ou moins inspiré dans la répartition des matières. Il est visible que le droit positif occupe une place beaucoup plus large dans le doctorat des sciences juridiques que dans celui des sciences politiques et économiques. C'est un système analogue, conçu dans le même esprit, qu'il s'agirait d'étendre à l'agrégation. On rétablirait ainsi, de la façon la plus simple, une complète harmonie entre notre mode de recrutement et la nouvelle organisation de nos études.

Telles sont les considérations qui ont déterminé la majorité d'entre nous à se contenter d'un double sectionnement. Je dois ajouter qu'elles étaient aussi invoquées en grande partie par les partisans de l'opinion intermédiaire que j'ai mentionnée. Ceux-ci proposaient seulement de faire une place distincte aux sciences historiques, en ajoutant une troisième section aux deux précédentes. Ils faisaient observer que l'histoire du droit, si on ne veut pas se contenter de l'enseigner de seconde ou de troisième main, exige non seulement un sens très vif des choses du passé, mais une ample connaissance des sources, l'habitude de manier les anciens textes, des notions d'épigraphie ou de paléographie, toute une éducation technique, en un mot, qui ne peut résulter que d'une longue et minutieuse préparation spéciale. Son domaine est si vaste, d'ailleurs, les horizons qu'elle offre à l'esprit si étendus, qu'on n'a pas à redouter pour elle les inconvénients d'une spécialisation trop hâtive. D'autre part, en faisant d'elle l'objet d'un concours particulier, on aurait beaucoup plus de chances d'attirer dans nos Facultés certains jeunes gens déjà pourvus d'une instruction historique exceptionnelle, comme ceux qui sortent de l'Ecole des Chartes. Ces raisons n'étaient peut-être pas sans valeur, et il aurait peut-être mieux valu les suivre que de s'attacher au maintien d'une symétrie tout extérieure entre le régime du doctorat et celui de l'agrégation. Cependant le système du triple sectionnement n'a réuni que deux suffrages, et il sera permis à votre rapporteur, resté fidèle à cette opinion moyenne, d'exprimer ici ses regrets à cet égard. Ce qui a surtout entraîné la conviction de la majorité, c'est la crainte de voir l'enseignement de l'histoire du droit passer dans nos Facultés aux mains d'historiens qui n'auraient pas une culture juridique suffisante. Il est certain qu'il y a là un sujet de légitimes préoccupations. Nous avons eu trop souvent l'occasion de constater une singulière ignorance des choses du droit chez d'illustres savants qui ont abordé avec éclat, mais non sans quelque témérité, l'histoire de nos institutions. Ceux-ci nous ont reproché parfois avec une certaine hauteur d'être peu aptes aux recherches historiques. Nous avons eu la générosité de ne pas compter leurs erreurs. Mais il est bien entendu qu'un historien, dans une Faculté de droit, doit être aussi un juriste. Pour cela, il suffirait peut-être, si l'on instituait une agrégation distincte d'histoire du droit, d'exiger des candidats la possession des deux diplômes du doctorat. Mais la majorité d'entre nous, à tort ou à raison, a jugé cette garantie insuffisante.

Le concours d'agrégation devant être divisé en deux sections, il faut enfin préciser les détails d'organisation de celles-ci. La Faculté n'a pas pensé qu'il y eût lieu de modifier le nombre des épreuves actuellement exigées ni d'en changer sensiblement le mode. A vrai dire, elle n'a guère fait porter son examen sur ces deux points, ses membres n'ayant pas fait, pour la plupart, l'expérience du dernier système, ni comme candidats, ni comme juges. Mais elle s'est occupée d'indiquer, pour chaque section, le nouveau contenu des épreuves dont elle conserve à peu près la forme. Voici donc le programme qu'elle propose d'adopter :

I — Section des Sciences juridiques

Admissibilité

1° Une composition de droit romain;

2° Une composition d'histoire du droit;

3° Une leçon de droit civil ou de droit commercial, après cinq heures de préparation libre;

4° Une leçon de droit romain, après vingt-quatre heures de préparation libre.

Épreuves définitives

1° Une composition sur les théories générales de la législation ;

2° Une leçon de droit civil ;

3° Une leçon de droit criminel.

II — Section des Sciences politiques et économiques

Admissibilité

1° Une composition d'économie politique ;

2° Une composition de droit international public ;

3° Une leçon d'économie politique (et sciences annexes), après cinq heures de préparation libre ;

4° Une leçon de droit administratif, après vingt-quatre heures de préparation libre.

Épreuves définitives

1° Une composition sur un sujet pris dans les matières suivantes : Histoire et principes du droit public français, droit constitutionnel ;

2° Une leçon d'économie politique (et sciences annexes) ;

3° Une leçon de droit constitutionnel ou de droit administratif.

Bien que nous n'ayons attaché qu'une importance secondaire au mode des épreuves, on remarquera que nous proposons le rétablissement d'une leçon proprement dite préparée dans un court espace de temps. En portant la durée de la préparation à cinq heures, il nous a semblé que cette épreuve redoutable, sans être aussi aléatoire qu'elle l'était autrefois, garderait à peu près toute sa valeur probante, comme garantie d'un savoir étendu et sûr de lui-même. L'explication de textes du droit romain, après une préparation en lieu clos, plus aléatoire encore et d'une nature trop spéciale, nous a paru devoir être supprimée.

A l'unanimité, nous avons été d'avis que les deux diplômes de doctorat devraient être exigés des candidats à l'un ou à l'autre des deux ordres d'agrégation. Nous voyons là un moyen de maintenir encore, sous la seule forme qui soit désormais acceptable, une certaine communauté d'origine et une réelle unité d'esprit parmi les professeurs de nos Facultés. Ayant tous ce premier fonds de solides études générales, ceux-ci ne se diviseront pas en deux camps opposés et hostiles, et ne perdront jamais le sentiment d'une intime et persistante parenté intellectuelle. J'ajoute que la possession de ce double diplôme aura aussi de précieux avantages pratiques. Grâce à elle, on admettra sans peine que les professeurs de l'un des deux groupes pourront, selon les nécessités du service, interroger les candidats aux divers examens de licence et de doctorat sur des matières appartenant à l'autre groupe. Il peut être utile, sans doute, mais il n'est pas nécessaire d'être un véritable spécialiste pour s'acquitter de cette partie ingrate de notre tâche professionnelle.

Tel est le résumé de nos discussions et de nos propositions sur la question que M. le Ministre a bien voulu nous soumettre. Il ne faut pas se dissimuler que si nous avons craint d'exagérer l'idée du sectionnement, quelques-uns nous trouveront cependant novateurs à l'excès. Mais en faisant une large place aux sciences sociales, nous ne nous sommes souciés ni des timidités de la routine ni des caprices de la mode. Des esprits chagrins essaient aujourd'hui de jeter le discrédit sur elles, et c'est surtout à leur sujet que le mot de banqueroute a été récemment prononcé. Sans s'émouvoir du mot et sans redouter la chose, les Facultés de droit peuvent accepter sans hésitation la suite des affaires de cette noble entreprise de l'esprit humain.

L'Assemblée de la Faculté, confirmant ses résolutions précédentes, approuve les termes du rapport.

Ont signé au registre :

A. Eon, *doyen.*   J. Aubry, *rapporteur.*

Certifié conforme :

Le Secrétaire de la Faculté de droit,

Fournié-Gorre.

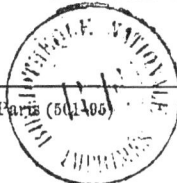

Typ. Oberthür, Rennes—Paris (50,105)

www.ingramcontent.com/pod-product-compliance
Lightning Source LLC
Chambersburg PA
CBHW070149200326
41520CB00018B/5355